Inhaltsverzeichnis

Das ABC 2
Vokale, Konsonanten und Umlaute 3

Wörter schreiben 4

Im Wörterbuch nachschlagen 6

Wortfamilien bilden 8
Wortbausteine nutzen 10

Lang und kurz gesprochene
Vokale unterscheiden 12
Offene und geschlossene Silben
unterscheiden 13
Wörter mit **ie** richtig schreiben 14

Sätze abschreiben und vergleichen 16
Fehler finden und berichtigen 17
Fachbegriffe kennen 18

Wörter verlängern: **h** hörbar machen ... 19

Wortfamilien nutzen: **A**/**ä** ableiten 20
Wortfamilien nutzen: **Äu**/**äu** ableiten ... 21

Häufige Wörter richtig schreiben 22
Besondere Buchstaben kennen: **V**/**v** ... 24

Nomen kennen 26
Nomen: Einzahl und
Mehrzahl kennen 27
Endbausteine für Nomen nutzen 28
Nomen zusammensetzen 30

Wörter mit Doppelkonsonanten
richtig schreiben 1 32
Wörter mit Doppelkonsonanten
richtig schreiben 2 34
Wörter mit **ck** richtig schreiben 36
Wörter mit **tz** richtig schreiben 37

Besondere Buchstaben kennen: **β** 38

Wörter verlängern:
Auslautverhärtung **d** oder **t** 40
Wörter verlängern:
Auslautverhärtung **g** oder **k** 42
Wörter verlängern:
Auslautverhärtung **b** oder **p** 43

Verben kennen und erkennen 44
Verben: Endbausteine kennen 45
Verben: Vorsilben kennen 46

Wortstamm und Wortfamilie
kennen und nutzen 48

Texte abschreiben
und kontrollieren 50
Fehler finden und berichtigen 51

Wörter nach Schreibsilben trennen 52
Besondere Buchstaben kennen:
ai und **ä** ohne Ableitung 53
Besondere Buchstaben kennen:
aa/**ee**/**oo** 54

Adjektive kennen und erkennen 56
Adjektive: Vergleichsstufen bilden 57
Adjektive: Endbausteine kennen 58

Besondere Buchstaben kennen:
nicht hörbares **h** 60
Wörter mit **ks**-Laut richtig schreiben 62
Fremdwörter richtig schreiben 63

Zum Abschreiben und Fehler finden 64

1 Schreibe das ABC in großen und kleinen Buchstaben auswendig auf.

A,

a,

2 Schreibe die Nachbarbuchstaben auf.

	D			X			V			K	

	U			L			P			G	

3 ABC-Rätsel

Ich stehe zwischen **G** und **I**: _____

Ich stehe zwischen **Qu** und **S**: _____

Ich stehe zwischen **L** und **R** und bin ein Vokal: _____

Ich bin der 11. Buchstabe im ABC: _____

1 Setze die fehlenden Buchstaben ein.

B ( ) D ( ) F ( ) H ( ) J ( ) ( ) M

( ) ( ) ( ) Qu ( ) S ( ) ( ) V W ( ) Y ( )

2 Sprich das ABC. Markiere alle Konsonanten in Aufgabe 1 blau und schreibe sie auf.

Buchstaben für Konsonanten

____ , ____ , ____ , ____ , ____ , ____ , ____ , ____ , ____ , ____ , ____ ,

____ , ____ , ____ , ____ , ____ , ____ , ____ , ____ , ____ , ____

3 Markiere alle Vokale in Aufgabe 1 orange und schreibe sie auf.

Buchstaben für Vokale

____ , ____ , ____ , ____ , ____

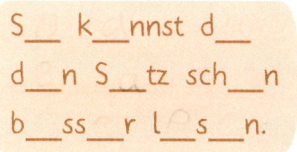

S__ k__nnst d__
d__n S__tz sch__n
b__ss__r l__s__n.

4 Nicht im ABC sind die Umlaute **Ä/ä, Ö/ö, Ü/ü**. Setze ein:

der B__cker   fl__stern

die K__nigin   t__chtig

die Fl__te   s__gen

die __bung

korrigiert:

1 Zeichne für jeden Laut einen Kreis.
Zeichne Silbenbögen.
Färbe die Lautkreise für Vokale orange.
Schreibe die Buchstaben.

In jeder Silbe ist ein Vokal.

K ä f e r

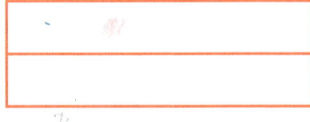

2 Schreibe die Wörter zu den Bildern in Sprechsilben getrennt auf.
Markiere die Vokale orange.

Wenn ich in Silben spreche, höre ich die Laute deutlicher.

Ja-gu-ar,

Manche Laute werden mit zwei oder drei Buchstaben geschrieben.

3 Arbeite wie in Aufgabe 1.

  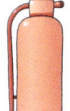

○○○○○		

K i r sch e

4 Arbeite wie in Aufgabe 2.

Di-no-sau-ri-er,

korrigiert:

A
B
C
D
E
F
G
H
I
J
K
L
M
N
O
P
Q
R
S
T
U
V
W
X
Y
Z

Habe ich das Wort richtig geschrieben? Ich schlage lieber nach.

1 Kreuze an: Wo befindet sich der Buchstabe im ABC?

	vorne	in der Mitte	hinten
W/w	☐	☐	☐
D/d	☐	☐	☐
M/m	☐	☐	☐
F/f	☐	☐	☐
K/k	☐	☐	☐
U/u	☐	☐	☐

An dieser Stelle öffne ich beim Suchen auch das Wörterbuch.

2 In welcher Reihenfolge stehen diese Wörter im Wörterbuch? Nummeriere von 1 bis 4.

Achte auf den 1. Buchstaben:	Achte auf den 2. Buchstaben:	Achte auf den 3. Buchstaben:
☐ Tag	☐ Nelke	☐ Unwetter
☐ Handy	☐ nach	☐ unten
☐ piepsen	☐ Nuss	☐ Unsinn
1 Busch	☐ nicken	☐ und

3 Suche die Wörter zu den Bildern in deinem Wörterbuch. Schreibe sie ab und notiere die Seitenzahl.

 Seite:

 Seite:

_____   _____

 Seite:

 Seite:

 Seite:

_____   _____   _____

 4 Schreibe auf, welche Anfangsbuchstaben möglich sein könnten. Schlage nach und schreibe das Wort.

  W V

_____   _____

 5 Kontrolliere diese Wörter mit Hilfe deines Wörterbuchs. Verbessere Fehler.

ä
Gepéck   Fahrad   Zornig   Brunnen

Dakkel   stolz   kwalmen   Tolette

plahnen   höchstens   Prinzzessin

korrigiert: ⭐

A
B
C
D
E
F
G
H
I
J
K
L
M
N
O
P
Q
R
S
T
U
V
W
X
Y
Z

Wortfamilie mal

In einer Wortfamilie ist immer ein Baustein gleich oder sehr ähnlich.

malen malst ausmalen Maler gemalt

Dieser Baustein heißt Wortstamm.

① Kennzeichne den Wortstamm in diesen Wörtern.
Benutze dieses Zeichen: ⏌

spitzen   anspitzen   der Spitzer   spitz

die Spitze   spitzeln   zuspitzen   gespitzt

Diese Wortfamilie heißt _____ .

② Finde selbst Wörter zur Wortfamilie sonn.

Finde Nomen, Verben, Adjektive ...

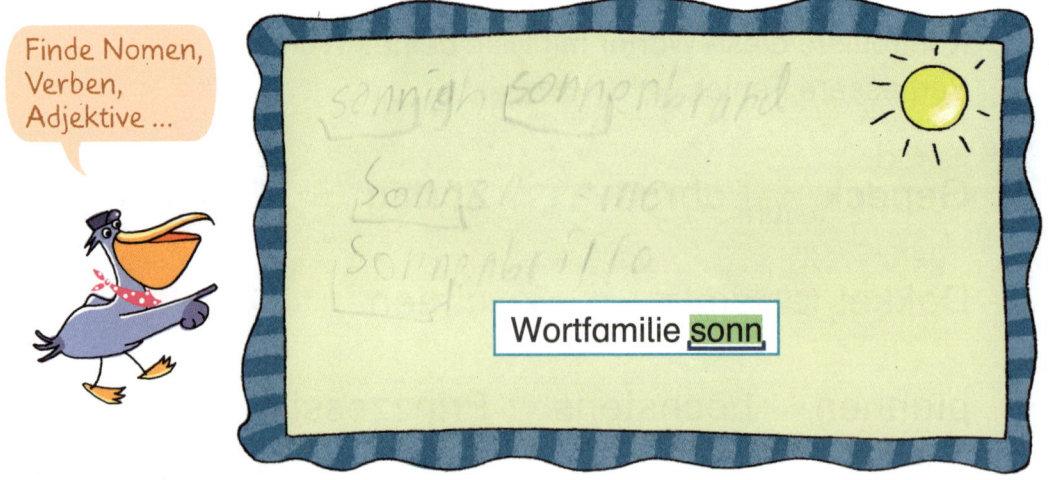

Wortfamilie sonn

3 Kennzeichne die Wortstämme mit ⌐.
Kreise Wörter einer Wortfamilie mit der gleichen Farbe ein.

der An<u>ruf</u>	zuhören	der Blick	der Hörer	das Hörgerät
überblicken	rufst	anrufen	der Anblick	gerufen
umblicken	hörbar	der Beruf	die Blicke	gehört

 4 Wie heißen die Wortfamilien aus Aufgabe 3?
Schreibe sie geordnet auf.

ruf⌐   blick⌐   hör⌐

der Anruf

_____ _____ _____

_____ _____ _____

_____ _____ _____

_____ _____ _____

5 Ein Wort passt nicht zur Wortfamilie.
Streiche es durch und schreibe
den Namen der Wortfamilie auf.

Wie dir Wortfamilien
beim Richtigschreiben
helfen, erfährst du auf
den Seiten 20/21 und
40–43.

fühlen	die Not
das Gefühl	notwendig
gefühlvoll	notieren
füllen	der Notruf

⌐   ⌐

korrigiert:

9

auf	bau	en		die	Zeit	ung		du	tanz	t

der	Blei	stift		un	an	ge	nehm		der	Ein	brech	er

> Die Bausteine heißen **Wortstamm**, **Vorsilbe** und **Endung**.

① Welches Zeichen passt?
Trage ein: ⌞⌟, ⌞•, ⌞•

Vorsilbe ☐   Wortstamm ☐   Endung ☐

② Markiere die Wortbausteine mit den passenden Zeichen.

die Freiheit	anstellen	er kommt	der Besuch
der Unfall	freundlich	der Flug	geben
krank	brummig	das Blaulicht	die Hitze

③ Ordne die Wörter aus Aufgabe 2 nach ihrem Bauplan.

⌞⌟ _____ _____

⌞•⌞⌟ _____ _____

⌞⌟•⌞ _____ _____

_____ _____

_____ _____

⌞•⌞⌟•⌞ _____

⌞⌟⌞⌟ _____

4 Schreibe eigene Wörter zu den Bauplänen.

⌞ ⌟ _____

⌞•⌞ ⌟ _____

⌞ ⌟•⌞ ⌟ _____

⌞•⌞•⌞ ⌟ _____

_____

5 Markiere die Wortbausteine.

rühren	die Rührung	berühren	sie rührt
der Rührer	gerührt	der Rührstab	verrühren

Diese Wortfamilie heißt _____ .

Diese Wortfamilie hat eine Aufpass-Stelle: _____ .

6 Bilde mit den Vorsilben neue sinnvolle Wörter.

um ein be ver vor hin ab

ziehen   singen   schreiben

Wie dir Wortbau-
steine noch beim
Richtigschreiben
helfen, erfährst du
auf den Seiten 28,
45, 49 und 58.

umziehen _____ _____

_____ _____

_____ _____

_____ _____

korrigiert: ⭐

Lang und kurz gesprochene Vokale unterscheiden

① Sprich die Wörter deutlich. Achte auf den betonten Vokal.
Kennzeichne kurz gesprochene Vokale mit ●
und lang gesprochene mit ▬.

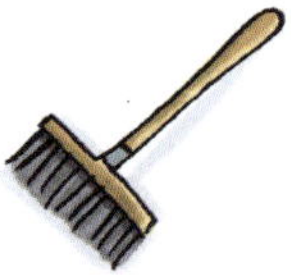
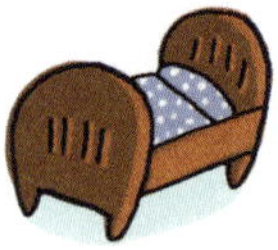
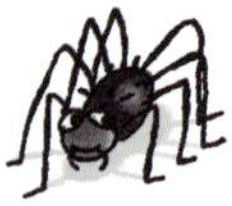
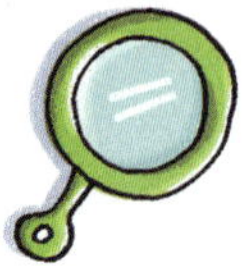

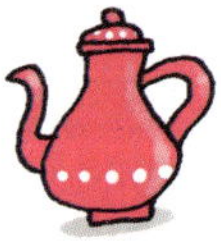
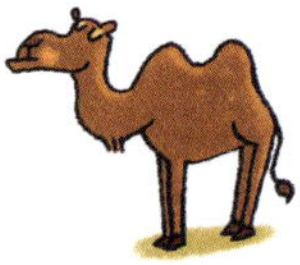
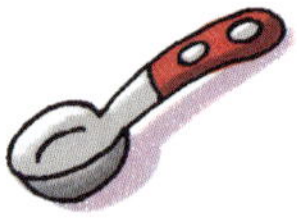
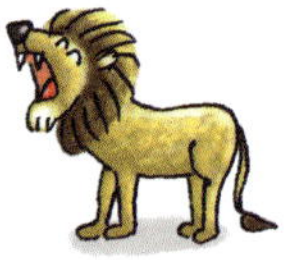

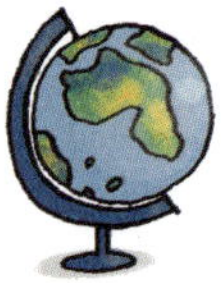
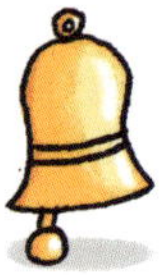
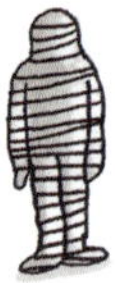
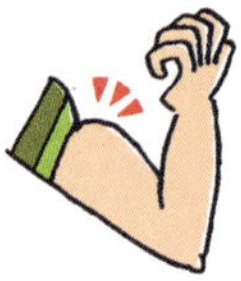

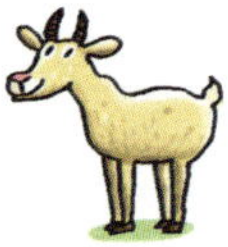
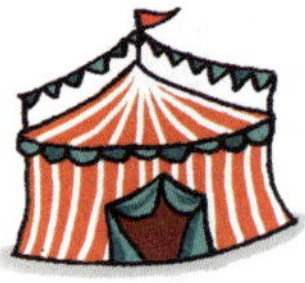
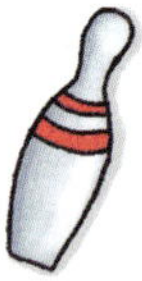
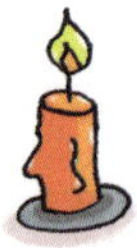

Wie dir lang und kurz gesprochene Vokale beim Richtigschreiben helfen, erfährst du auf den Seiten 14, 32 und 36.

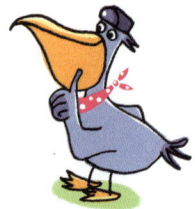

1 Zeichne die Silbenbögen ein.
Kennzeichne in der ersten Silbe den Vokal.

Besen   Löwe   Zirkus   Spiegel

Kerze   Kamel   Kanne   Muskel

2 Ordne die Wörter aus Aufgabe 1.
Schreibe in Silben getrennt.

die 1. Silbe endet
mit einem Vokal

die 1. Silbe endet mit
einem Konsonanten

Be-sen

Offene Silben
enden mit einem
Vokal: Blu-me

Geschlossene Silben
enden mit einem
Konsonanten: Gur-ke.

Wie dir offene und geschlossene
Silben beim Richtigschreiben helfen,
erfährst du auf Seite 15 und 34.

korrigiert:

1 Sprich die Wörter deutlich.
Kennzeichne einen kurz
gesprochenen i-Laut mit
und einen lang gesprochenen mit ▬.
Schreibe die Wörter.

Denke daran:
Ein langer i-Laut
wird meist als **ie**
geschrieben.

▬

Brief
_____

●

_____

◯

_____

◯

_____

◯

_____

◯

_____

2 Schreibe die ie-Reimwörter.

| liegen | sie | tief | Stiel |

kr_____   d_____   sch_____   v_____

fl_____   n_____   er r_____   Z_____

s_____   w_____   ich l_____   Sp_____

b_____   Gen_____   sie schl_____   K_____

w_____   Mag_____   M_____   er f_____

14

3 Sprich jedes Wort in Silben. Zeichne Silbenbögen ein.

Wiege	Birne	binden	Biene	schwierig	sieben
Pinsel	Kiste	Firma	gießen	wichtig	Wiese

4 Schreibe die Wörter geordnet auf.

_ie_   _i_

Wie-ge

Das **ie** steht immer am Ende einer offenen Silbe.

5 Bilde zum Verb jeweils eine zweisilbige Form.

Max friert. – frieren   Mia spielt. – _____

Du schiebst. – _____   Er fliegt. – _____

Sie wiegt. – _____   Ben zielt. – _____

korrigiert: ☆

Lies den Satz.

Sprich deutlich.

groß Markiere die schwierigen Stellen.

groß Merke dir einen Teil des Satzes.

groß Schreibe ihn auswendig.

groß
groß Kontrolliere mit der Vorlage.

Meine Tipps!
So schreibe
ich richtig ab.

① Schreibe die Sätze von Seite 64 ab.

② Finde bei diesen Sätzen die Fehler.
Vergleiche und verbessere mit Seite 64.

Leonie maht eine Role auf der matte.

im Winta bauen wir zusamen einen Schnemann.

Ich bauche einen neuen Radirgummi und Spizter.

Mein Lieblingsportart ist wasserball.

Der Hund

Viele Menschn in Deutschland haben
einen Hund als Haustier. auch ich habe
einen Hund. Sein Name ist Wuschel.
Um einen hund muss man sich gu kümmern.
Er braucht täglich Futter und wasser.
Mehrmals am Tag muss man mit ihm spatzieren
gehen. damit ihm nicht langwielig wird, spiele ich auch
mit meinem Hund und überlege mir aufgaben für ihn.

① Überprüfe die Satzanfänge. Sind alle groß geschrieben?
Kreise Fehler grün ein.

② Überprüfe die Nomen. Sind alle groß geschrieben?
Kreise Fehler blau ein. Schreibe die Nomen richtig:

_____

③ Sprich die Wörter deutlich. Fehlen Buchstaben?
Wurden Buchstaben vertauscht? Kreise Fehler rot ein.
Schreibe die Wörter richtig:

So überprüfe
ich auch meine
eigenen Texte.

_____

_____

④ Schlage das Wort „spatzieren" im Wörterbuch nach.

Kreise den Fehler gelb ein.
Schreibe es hier richtig auf: _____

korrigiert: ☆

17

1 Hier stehen wichtige Fachbegriffe.
Verbinde jeweils mit der passenden Erklärung.

Vokale	z. B. Ver. be. ge. Un.
Konsonanten	der, die, das, ein, eine
offene Silben	A/a E/e I/i O/o U/u
geschlossene Silben	enden mit einem Vokal, z. B. ma sto
Wortstamm	z. B. B/b H/h M/m R/r W/w
Vorsilbe	z. B. Junge, Katze, Tisch, Gras
Endung	z. B. schwimm geh jahr
Nomen	z. B. die Maus – die Mäuse
Artikel	z. B. gehen, ich gehe, du gehst
Einzahl – Mehrzahl	enden mit einem Konsonanten, z. B. man stor
Verben	z. B. lich e in heit st
Adjektive	z. B. kalt, süß, lustig

korrigiert:

1 Schreibe die verlängerte Form in Silben gegliedert. Schreibe das Wort. Markiere **h** farbig.

*Ich höre kein **h**.*

Aber ich kann es hörbar machen ...

Hier hilft mir die Mehrzahl.

die Re-he   das Reh

Hier helfen mir die Grund- formen und die Vergleichs- formen.

2 Schreibe die verlängerte Form in Silben gegliedert. Ergänze die Lücke. Markiere **h** farbig.

er ste **h** t ⟿ ste-hen   du nä __ st ⟿ _____

e blü __ t ⟿ _____   es dre __ t ⟿ _____

sie zie __ t ⟿ _____   du sie __ st ⟿ _____

er ru __ t ⟿ _____

fro **h** ⟿ fro-her   zä __ ⟿ _____

frü **h** ⟿ _____   na __ ⟿ _____

korrigiert: ☆

Schreibe ich **Bletter** oder **Blätter**?

Der Wortverwandte mit **a** hilft.

1 Male die Wortverwandten mit der gleichen Farbe an.

Blatt Zähne erklären nächste Land

Bank Äpfel Apfel Blätter Naht

nähen Länder nach klar Bänke Zahn

2 Schreibe die Wortpaare aus Aufgabe 1 auf. Markiere **a** und **ä**.

Blatt _____ Blätter _____   _____ _____

_____ _____   _____ _____

_____ _____   _____ _____

_____ _____   _____ _____

3 Schreibe den Verwandten mit **a**. Ergänze das **ä**.
Markiere **a** und **ä**.

er f ä hrt fahren _____   du bl __ st _____

sie h __ lt _____   er f __ llt _____

es gr __ bt _____   sie f __ ngt _____

du tr __ gst _____   er w __ scht _____

Schreibe ich **Meuse** oder **Mäuse**?

Der Wortverwandte mit **au** hilft.

1 Verbinde die Wortverwandten.

Maus	träumen	laufen	Kräuter
Traum	Räume	Kraut	Läufer
Raum	Mäuse	rauben	Räuber

2 Schreibe die Wortpaare aus Aufgabe 1 auf.
Markiere **au** und **äu**.

Maus   Mäuse   _____   _____

_____   _____   _____   _____

_____   _____   _____   _____

3 Entscheide: $\frac{Äu}{äu}$ oder $\frac{Eu}{eu}$.
Schreibe Wortverwandte mit **au** auf.

B äu me   Baum _____   sch ___ men _____

F ___ er _____   ___ glein   _____

Verk ___ fer _____   einz ___ nen _____

___ len _____   h ___ len   _____

korrigiert: ☆

21

1 Schreibe die Wörter mit verschiedenen Farben nach.

ab bis dann hin ins nicht nie ob
sehr wann wenig wieder zuletzt

2 Schreibe die Wörter aus Aufgabe 1 geordnet auf.

Wörter mit zwei Buchstaben: ab   ____

Wörter mit drei Buchstaben: _____ _____ _____ _____

Wörter mit vier Buchstaben: _____ _____ _____

Wörter mit fünf Buchstaben: _____ _____

Wörter mit mehr Buchstaben: _____ _____

3 Zeichne nach jedem häufigen
Wort einen Strich ein.

sehr|bisniedannzuletztwenignichtabobwannhinwiederins

4 Markiere schwierige Stellen farbig.

nie	ab	wieder	sehr
zuletzt	dann	hin	wenig
ob	nicht	wann	bis	ins

Diese häufigen
Wörter merke
ich mir gut.

5 Füge in jeden Satz ein passendes Wort
aus Aufgabe 1 ein.

Ben und Merve gehen _ _ _ Kino.

Der Schaffner fragt, _ _ alle eine Fahrkarte haben.

Ich war noch _ _ _ in Afrika.

_ _ _ _ beginnt das Fußballtraining?

Die Bücherei hat _ _ dem 4. Mai _ _ _ zum 10. Mai
geschlossen.

Und _ _ _ _ _ _ würzt man alles mit Salz und Pfeffer.

Der Bus bringt uns zum Schwimmbad _ _ _ .

Mira freut sich _ _ _ _ über ihre Geschenke.

Geht es dir heute _ _ _ _ _ _ gut?

6 Schreibe eigene Sätze mit Wörtern aus Aufgabe 1.

korrigiert:

23

1 Sortiere die Wörter. Schreibe sie
in das passende Bild. Markiere alle V / v farbig.

Vitamin	bravo	von	Vanille	Villa	Vokal
vielleicht	davor	Advent	voll	Lava	brav
Vulkan	Viertel	Verb	vom	viel	Vogel

V / v klingt wie   f

vielleicht, _____

_____

_____

_____

V / v klingt wie   w

Vitamin, _____

_____

_____

_____

2 Bilde sinnvolle Verben mit den Vorsilben ˌver. und ˌvor..
Markiere die Vorsilben ˌ___..

~~lesen~~   biegen   brennen   ziehen   nehmen   rühren

schieben   führen   schließen   fahren   drehen

ˌvorˌlesen, ˌverˌlesen, _____

_____

_____

_____

_____

3 Schreibe die Nomen mit **Ver.** und **Vor.** auf.
Markiere die Vorsilben mit ˌ___..

> Die Vorsilben
> Ver/ver und
> Vor/vor
> schreibe ich
> immer mit
> V/v.

	~~-fahrt~~			-kehr
	-hang			-käufer
	-bild			-letzung
Vor	-name		**Ver**	-losung
	-teil			-rat
	-stellung			-trag
	-sicht			-sehen

ˌVorˌfahrt, _____

_____

_____

_____

_____

korrigiert: ☆

25

Nomen haben **bestimmte** und **unbestimmte** Artikel.

das die der ein eine

1 Schreibe jeweils den bestimmten und unbestimmten Artikel auf.

die		
eine Kastanie	_____ Block	_____ Herz
_____ Album	_____ Beet	_____ Qualle
_____ Bäcker	_____ Lilie	_____ Maschine

2 Ergänze.

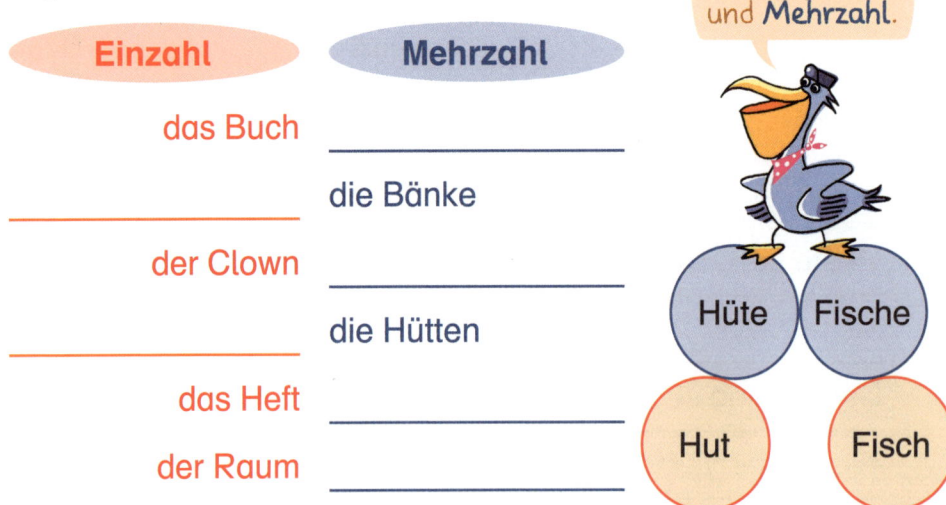

Nomen gibt es in **Einzahl** und **Mehrzahl**.

Einzahl	Mehrzahl
das Buch	_____
_____	die Bänke
der Clown	_____
_____	die Hütten
das Heft	_____
der Raum	_____

Hüte Fische Hut Fisch

③ Ordne die Nomen zu und ergänze jeweils ein eigenes Nomen.

Giraffe

Fichte

Laterne

Opa

Geld

Wal

Koch

Nelke

Menschen: _____ _____ _____

Tiere: _____ _____ _____

Pflanzen: _____ _____ _____

Dinge: _____ _____ _____

④ Setze in jedem Satz
das passende Nomen ein.

Namen für Gefühle, Ereignisse,
Eigenschaften, Gedanken ...
heißen **abstrakte Nomen**.

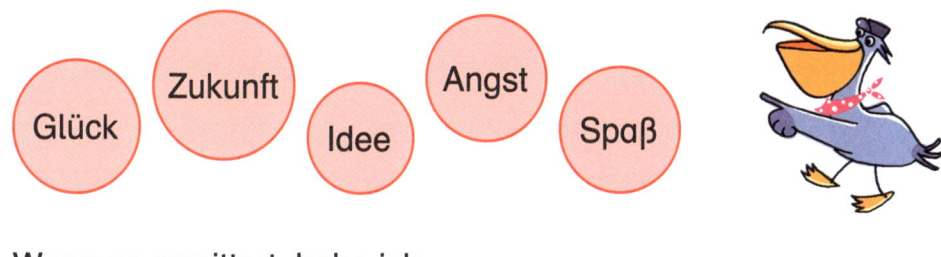

Glück

Zukunft

Idee

Angst

Spaß

Wenn es gewittert, habe ich _____ .

Heute habe ich beim Spielen _____ .

Mit meinen Freunden habe ich immer viel _____ .

Das ist eine super _____ !

Was wünscht du dir für die _____ ?

korrigiert:

⌐⌐⌐ ① Hier haben sich 12 Nomen mit Endbausteinen versteckt. Kreise sie ein.

O	j	S	F	E	S	F	s	F	ö	g	Q	v	S	B
E	ö	Ö	r	i	r	r	l	r	E	i	n	s	c	o
c	q	R	ö	g	D	e	S	e	L	r	B	A	h	t
k	d	u	h	e	N	i	B	c	i	C	o	E	w	s
u	G	H	l	n	N	h	m	h	t	B	s	l	i	c
T	T	W	i	s	r	e	H	h	c	Ä	h	m	e	h
k	p	E	c	c	y	i	Z	e	R	F	e	p	r	a
j	e	t	h	h	H	t	X	i	Q	z	i	f	i	f
Z	S	g	k	a	w	J	E	t	V	V	t	u	g	t
Y	h	g	e	f	n	X	s	Ü	C	d	l	n	k	A
T	b	q	i	t	b	H	e	i	z	u	n	g	e	r
Z	a	s	t	N	b	u	g	w	ä	K	e	ö	i	F
S	a	m	m	l	u	n	g	s	r	C	Z	v	t	Q
y	V	G	e	m	ü	t	l	i	c	h	k	e	i	t
m	u	N	W	i	s	s	e	n	s	c	h	a	f	t

⌐⌐⌐ ② Schreibe die Nomen mit Artikel geordnet auf.

ung _____

_____

heit _____

_____

keit _____

_____

schaft die Eigenschaft, _____

_____

3 Verwandle diese Wörter in Nomen. Schreibe geordnet auf.

heiter   krank   ~~biegen~~   ehrlich   neu   dumm   Freund

erholen   ähnlich   Land   verschmutzen   Mann

biegen _____   die Biegung _____

_____   **ung**   _____

_____   _____

_____   **heit**   _____

_____   _____

_____   **keit**   _____

_____   _____

_____   **schaft**   _____

_____   _____

Mit den Endbausteinen
-ung, -heit, -keit, und -schaft,
kann ich Nomen bilden.

korrigiert: ☆

29

Nomen zusammensetzen

 **+**  **=**

Schneemann ist ein zusammen-gesetztes Nomen.

der Schnee   der Mann   der Schneemann

1 Verbinde jeweils zwei Wörter zu einem zusammengesetzten Nomen. Schreibe mit Artikel auf.

der Tee	die Schmerzen	_____
die Kuh	der Stall	_____
das Blei	die Ferien	_____
der Hals	der Zaun	_____
der Regen	der Löffel	der Teelöffel
der Sommer	der Stift	_____
der Garten	der Schirm	_____
die Haselnuss	das Eis	_____

2 Kreuze richtig an.

Der Artikel eines zusammengesetzten Nomens wird durch …

☐ … das erste Wort bestimmt.

☐ … das zweite Wort bestimmt.

3 Trage bei diesen zusammengesetzten
Nomen den fehlenden Buchstaben ein.

Manche zusammen-
gesetzte Nomen
brauchen ein **Fugen-s.**

der Advent__kranz   die Hochzeit__torte

die Sonntag__zeitung   das Frühstück__ei

die Frieden__pfeife   das Liebling__essen

das Geburt__tag__geschenk

4 In diesen zusammengesetzten Nomen steckt ein Verb.
Schreibe zusammengesetzt und getrennt auf.

das Lesebuch   _____   _____

lesen + das Buch   _____   _____

_____   _____   _____

_____   _____   _____

5 Finde zu jedem Adjektiv ein zusammengesetztes Nomen.

groß: die Großstadt   hoch: _____

bunt: _____   kühl: _____

klein: _____   faul: _____

korrigiert:

1 Markiere in den Wörtern den betonten Vokal.

die Blume

die Sonne

das Kissen

der Pulli

der Schal

denken

lesen

schlafen die Puppe die Bälle   die Murmeln

2 Kennzeichne in Aufgabe 1 lang gesprochene Vokale oder Umlaute mit ▬, kurz gesprochene mit ●.

3 Schreibe die Wörter von Aufgabe 1 geordnet auf. Markiere Doppelkonsonanten farbig.

der Pulli, _____   _____

_____   _____

_____   _____

_____   _____

_____   _____

4 Was fällt dir auf? Kreuze an.

☐ Nach einem lang gesprochenen Vokal
folgt nur ein Konsonant.

☐ Nach einem kurz gesprochenen Vokal
folgen zwei Konsonanten.

☐ Nach einem kurz gesprochenen Vokal
folgen immer zwei verschiedene Konsonanten.

☐ Nach einem kurz gesprochenen Vokal
folgen zwei verschiedene oder zwei gleiche Konsonanten.

5 Schreibe das verwandte Verb oder Nomen auf.
Kennzeichne den betonten Vokal mit ▬ oder ●.
Markiere Doppelkonsonanten.

der Kamm – kämmen   bitten – die Bitte

der Bagger – _____   küssen – _____

der Jogger – _____   beginnen – _____

der Gewinn – _____   füttern – _____

der Fall – _____   wetten – _____

6 Schreibe die Verben von Aufgabe 5 in der **du**- und **er**-Form.
Markiere den Doppelkonsonanten.

du kämmst – er kämmt,

_____

_____

_____

korrigiert: ☆

1 Zeichne die Silbenbögen in die Wörter ein.

die Tanne   der Vogel
die Sonne
fliegen
die Bäume
grasen   schütteln
die Rehe
die Nadeln   der Schatten   sammeln
die Zweige
die Pilze   die Nüsse

2 Schreibe die Wörter von Aufgabe 1 getrennt auf.
Zeichne die Silbenbögen ein.

1. Silbe geschlossen	1. Silbe offen
die Tan - ne	flie - gen

3 Was fällt dir bei Aufgabe 2 auf? Kreuze an.

☐ Bei Wörtern mit Doppelkonsonanten
gehört zu jeder Silbe ein Vokal.

☐ Man hört den Doppelkonsonanten beim Trennen
in Schreibsilben.

☐ Am Ende der 1. und am Anfang der 2. Silbe
müssen zwei verschiedene Konsonanten stehen.

☐ Am Ende der 1. und am Anfang der 2. Silbe
können zwei gleiche Konsonanten stehen.

4 Zeichne die Silbenbögen ein. Markiere den Doppelkonsonanten
und schreibe die Wörter getrennt auf.

Betten	essen	Pizza	kommen
Blätter	müssen	fallen	zusammen

Bet-ten,

5 Verlängere die Nomen. Markiere den Doppelkonsonanten
und zeichne Silbenbögen ein.

Nuss	Blatt	Mann	Fell	Schiff

Nuss – Nüsse,

korrigiert: ☆

35

1 Sprich die Wörter. Kennzeichne den Laut vor **ck** oder **k** mit ● oder ▬.

> Vor dem ck steht immer ein kurzer Vokal.

blicken   zurück   Küken   wackeln   Päckchen

Krokodil   quieken   dick   spuken   Schaukel

2 Ordne die Wörter aus Aufgabe 1. Markiere **ck** farbig.

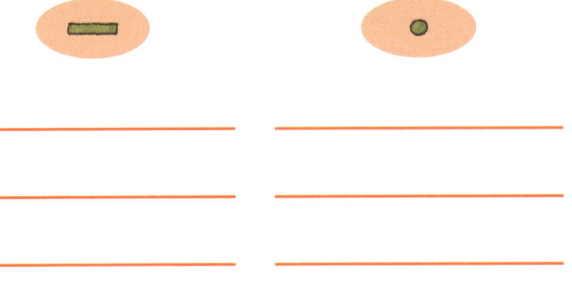

▬   ●

_____   _____

_____   _____

_____   _____

_____   _____

_____

> ck bleibt beim Trennen zusammen.

3 Trenne die Wörter mit **ck** von Aufgabe 1.

bli - cken _____   _____   _____

_____   _____

4 Schreibe die Nomen mit Artikel.

_____   _____   _____

1 Trage die Wörter in die Tabelle ein.

| schützen | Pelz | Hitze | kratzen | Kerze |
| Schatz | schmelzen | Wurzel | Holz | putzen |

tz

z

_____   _____

_____   _____

_____   _____

_____   _____

_____   _____

2 Markiere in Aufgabe 1 den Buchstaben vor **tz** und **z**.
Was fällt dir auf?

Vor dem **tz** steht immer ein _____.

Vor dem **z** steht immer ein _____.

3 Schreibe die Nomen mit Artikel.

_____ _____ _____

korrigiert:

1 Sprich die Wörter. Markiere ß.

F̶ü̶ß̶e̶	fließen	beißen	Schoß	reißen
weiß	fleißig	Spaß	Gruß	saßen
dreißig	G̶r̶ü̶ß̶e̶	gießen	reißt	außen	fraßen
beißt	draußen	Maß	Fuß	heiß	Floß

 **2** Finde die Reimpaare aus Aufgabe 1. Markiere ß.

Füße – Grüße,

_____

_____

_____

_____

3 Kennzeichne in Aufgabe 2 die Vokale, Umlaute oder Doppellaute mit ● oder ▬.

4 Was fällt dir auf? Kreuze an.

☐ Der Laut vor ß klingt kurz.

☐ Der Laut vor ß klingt lang.

Wörter mit ß muss ich mir merken!

5 Markiere und schreibe.

Markiere **ß**. Schreibe das Wort.	Fülle die Lücke. Schreibe das Wort.	Ergänze die Silbe. Schreibe das Wort.
grüßen	gr____en	grü-_____
	_____	_____
heißen	h____en	hei-_____
	_____	_____
Größe	Gr____e	Grö-_____
	_____	_____
beißen	b____en	bei-_____
	_____	_____
Straße	Str____e	Stra-_____
	_____	_____
gießen	g____en	gie-_____
	_____	_____

6 Was fällt dir auf? Kreuze an.

☐ Die 1. Silbe ist offen.

☐ Die 1. Silbe ist geschlossen.

☐ ß steht am Anfang der 2. Silbe.

korrigiert: ☆

1 Sprich die Wörter.

Am Ende
d oder t?

2 Verlängere die Wörter. Schreibe und markiere **d** oder **t**.

		Also schreibe ich …
	die Wäl-**d**er	der Wal**d**
	die Säf-**t**e	der

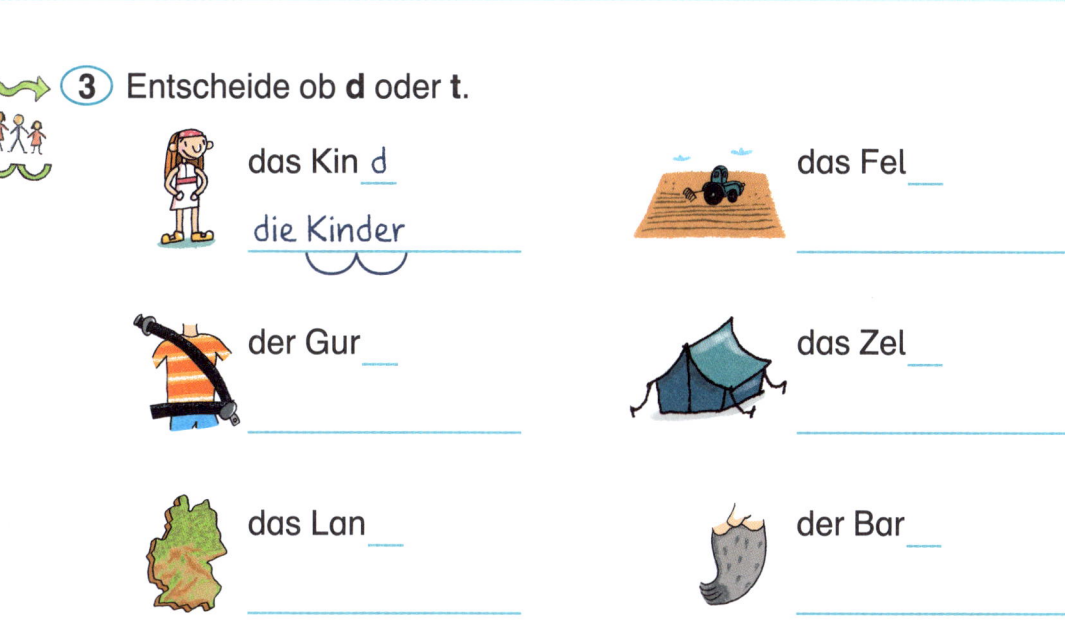

3 Entscheide ob **d** oder **t**.

das Kin d

die Kinder

das Fel __

der Gur __

_____

das Zel __

_____

das Lan __

_____

der Bar __

_____

4 Verbinde die Wortverwandten und ergänze den fehlenden Buchstaben. Schreibe die Verwandten nebeneinander auf.

| die Räder | das Ban __ | der Fremde | der San __ |

| sandig | frem __ | das Ra d | die Strände |

| blon __ | der Stran __ | die Bänder | die Blondine |

die Räder – das Rad,

_____

_____

korrigiert: ☆

1 Sprich die Wörter.

Am Ende
g oder k?

2 Verlängere die Wörter. Schreibe und markiere **g** oder **k**.

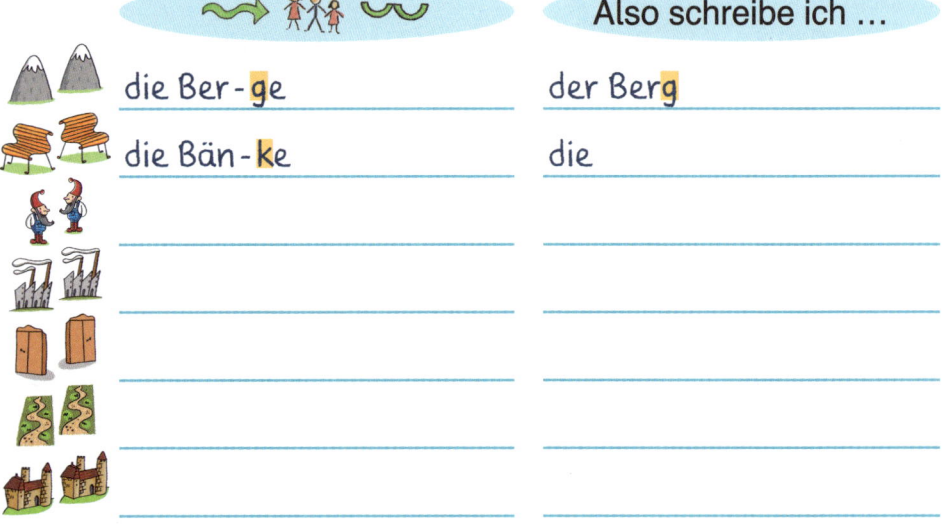

〰 👫 〰	Also schreibe ich …
die Ber-**ge**	der Ber**g**
die Bän-**ke**	die

3 Schreibe die Grundform.
Ergänze den fehlenden Buchstaben.

er fe **g** t
fe-gen

er flie __ t
_____

es sin __ t
_____

sie sin __ t
_____

sie par __ t
_____

er na __ t
_____

korrigiert: ☆

42

Wörter verlängern: Auslautverhärtung **b** oder **p**

1 Sprich die Wörter.

Am Ende
b oder p?

2 Verlängere die Wörter. Schreibe und markiere **b** oder **p**.

🔁 👫 🪱	Also schreibe ich ...
die Sie - be	das Sieb
die Grä - ber	das

3 Schreibe die Grundform.
Ergänze den fehlenden Buchstaben.

er lie b t   sie kle __ t   es hu __ t

lie - ben   _____   _____

er sie __ t   er schie __ t   er gi __ t

_____   _____   _____

korrigiert: ☆

1 Schreibe das passende Verb zum Bild.

Verben sagen uns, was jemand tut.

lachen _____ _____

_____ _____ _____

2 Unterstreiche die Verben.

Anton <u>spielt</u> gerne Fußball. Er steht im Tor. Sein Trainer lobt ihn oft, weil er die Bälle sicher fängt. Jede Woche trainiert Anton sehr fleißig. Er rennt schnell über den Platz und schwitzt im Training.

3 Schreibe die Verben aus dem Text von Aufgabe 2 mit ihrer Grundform.

spielt – spielen, _____

_____

_____

_____

1 Vergleiche die Wortpaare.
Kennzeichne den Wortstamm mit ⌷.

In der Grundform enden die Verben mit -**en**, selten mit -**eln** oder -**ern**.

<u>backen</u> – ich <u>backe</u>   gehen – ich gehe

denken – ich denke   schreiben – ich schreibe

liegen – ich liege   lassen – ich lasse

basteln – ich bastle   jubeln – ich juble

füttern – ich füttere   klettern – ich klettere

2 Schreibe die Verben in der richtigen Form.
Kennzeichne die Endbausteine mit ⌐.

gehen   lassen   liegen

ich gehe   ich _____   ich _____

du gehst   du _____   du _____

er geht   er _____   er _____

schreiben   füttern   basteln

ich _____   ich _____   ich _____

du _____   du _____   du _____

er _____   er _____   er _____

Hier ändert sich der Endbaustein.

korrigiert:

45

Vorsilben ändern
die Bedeutung
der Verben.

⌐⌐⌐ ① Bilde neue Verben.
Kennzeichne die Vorsilben mit ⌐.

auf	ab	um	aus
weg	über	ein	ver

an ziehen

be ziehen

um ziehen

fallen

auffallen,

_____

_____

⌐⌐⌐ ② Was stimmt hier nicht? Schreibe die Sätze richtig auf.
Kennzeichne die Vorsilben.

Anna will den Computer überschalten.

_____

Lotta möchte schnell einrennen.

_____

Max will den Teppich beschütteln.

_____

Emre muss das Licht durchschalten.

_____

Manche Wörter sind mit **ver** oder **vor** möglich.

③ Bilde Verben mit **ver**- oder **vor**-.
Kennzeichne die Vorsilbe mit ⌞•.

ver-
vor-

schließen dienen wenden schreiben kaufen geben lesen nehmen binden

verschließen, ____________________

____

____

____

④ Bilde mit den Vorsilben Wörter.
Kennzeichne die Vorsilbe.

weg-

bleiben – ____________
bringen – ____________
geben – ____________
gehen – ____________

ver-

reisen – ____________
rosten – ____________
rechnen – ____________
raten – ____________

ab-

bauen – ____________
biegen – ____________
brechen – ____________
brennen – ____________

auf-

fangen – ____________
finden – ____________
füllen – ____________
führen – ____________

korrigiert: ☆

1 Schreibe die Wörter
einer Wortfamilie nebeneinander.
Kennzeichne den Wortstamm mit ⌐⌐.

Wörter mit einem
gleichen oder ähnlichen
Wortstamm gehören
zu einer Wortfamilie.

spielen	ruhig	das Spiel	fallen
ausruhen	spielerisch	fällig	das Wasser
wässrig	die Ruhe	bewässern	der Abfall

Nomen	Verb	Adjektiv
der Leser	lesen	leserlich

2 Schreibe die Wörter zum passenden Wortstamm.
Kennzeichne den Wortstamm mit ⌐⌐.

| Lehrling | abfliegen | Bäcker | Flieger | Lehrer |
| Gebäck | Fliege | gelehrt | backen | |

bäck _____

lehr _____

flieg _____

.⊔⌐ ③ Setze den Wortstamm richtig ein.
Kennzeichne Vorsilben ⌐. und Endungen .⌐.

> Wenn ich ein Wort aus einer Familie kenne, weiß ich auch wie man verwandte Wörter schreibt.

fäll

du ___ st   er ___ t   ge ___ en

die ___ e   der Un ___   zu ___ ig

          der Ge ___ en

.⊔⌐ ④ Ordne die Wörter
den passenden
Wortfamilien zu.
Kennzeichne den
Wortstamm.

die Wahl	bezahlen	zählen
wählerisch	die Anzahlung	zahlreich
wählen	die Auswahl	auszählen
auswählen	die Zahlung	wahllos

Wortfamilie **wähl-**   Wortfamilie **zähl-**

_____   _____

_____   _____

_____   _____

_____   _____

_____   _____

_____   _____

Ergänze die Sätze.   Bei der Wortfamilie …

… **wahl-** kann der Wortstamm _____ oder _____ heißen.

… **zahl-** kann der Wortstamm _____ oder _____ heißen.

korrigiert: ☆

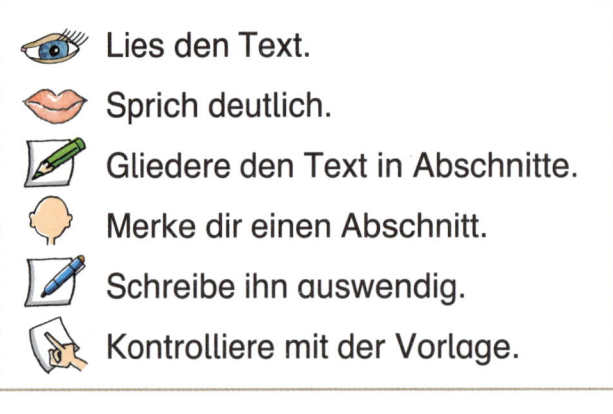

Lies den Text.

Sprich deutlich.

Gliedere den Text in Abschnitte.

Merke dir einen Abschnitt.

Schreibe ihn auswendig.

Kontrolliere mit der Vorlage.

Mein Tipp!
So schreibe
ich richtig ab.

1 Lies den Text auf Seite 64. Decke immer einen Abschnitt zu und schreibe ihn auswendig hier auf.

_____

_____

_____

_____

_____

_____

_____

2 Kontrolliere mit der Vorlage.

Fehler finden und berichtigen

1 Schlage die Wörter im Wörterbuch nach. Schreibe sie zweimal richtig auf. Markiere die schwierigen Stellen.

Diese Wörter haben schwierige Stellen!

Tipp

aufreumen	auf<mark>räu</mark>men	auf<mark>räu</mark>men	👧🧒👧
Weker			
Somer			
wilt			
ferlieben			
Welder			
braf			
Strase			
zeitung			
Schue			

2 Welcher Tipp hilft? Ergänze in Aufgabe 1.

👄 deutlich sprechen	〰 Silben	� verlängern
👂 genau hören	👧🧒👧 Wortfamilien	❗ merken
▬ / ● langer / kurzer Vokal	⌐⊔¬ Wortbausteine	

korrigiert:

51

1 Sprich die Wörter in Silben. Zeichne die Silbenbögen ein.

lachen	glücklich	Wecker	Maschine
Sommerkleid	Märchen	Haare	Vogel
Stückchen	draußen	Menschen	Katze
sitzen	heizen	tausend	Flügel

2 Schreibe die Wörter von Aufgabe 1 getrennt auf.

Jede Schreibsilbe beginnt mit einem Konsonanten.

la-chen,

_____

_____

_____

_____

3 Trenne diese Wörter wie am Zeilenende.

Beim Schreiben darf kein Buchstabe alleine stehen!

 Ameise _____

 Elefant _____

 Esel _____

 Oma _____

 Igelbaby _____

Ameise
Amei-se

korrigiert:

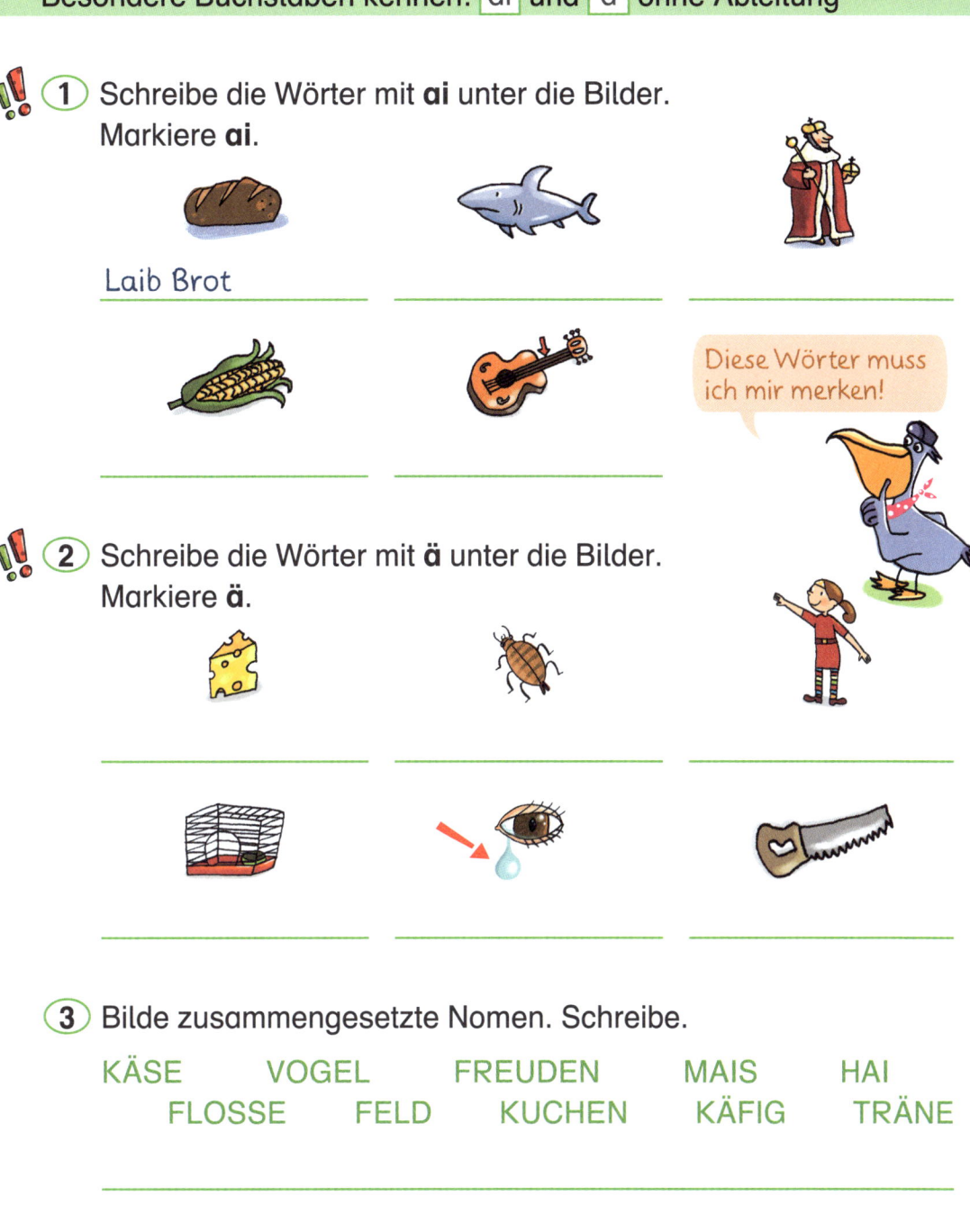

1 Schreibe die Wörter mit **ai** unter die Bilder.
Markiere **ai**.

Laib Brot

_____   _____   _____

_____   _____

Diese Wörter muss
ich mir merken!

2 Schreibe die Wörter mit **ä** unter die Bilder.
Markiere **ä**.

_____   _____   _____

_____   _____   _____

3 Bilde zusammengesetzte Nomen. Schreibe.

KÄSE   VOGEL   FREUDEN   MAIS   HAI
   FLOSSE   FELD   KUCHEN   KÄFIG   TRÄNE

_____

_____

_____

korrigiert: ☆

53

1 Setze richtig ein: aa ee oo

> Wörter mit **aa**, **ee** oder **oo** muss ich mir merken!

T____   Z____

W____ge   H____re

M____s   Kl____

F____   P____r

B____t   Schn____

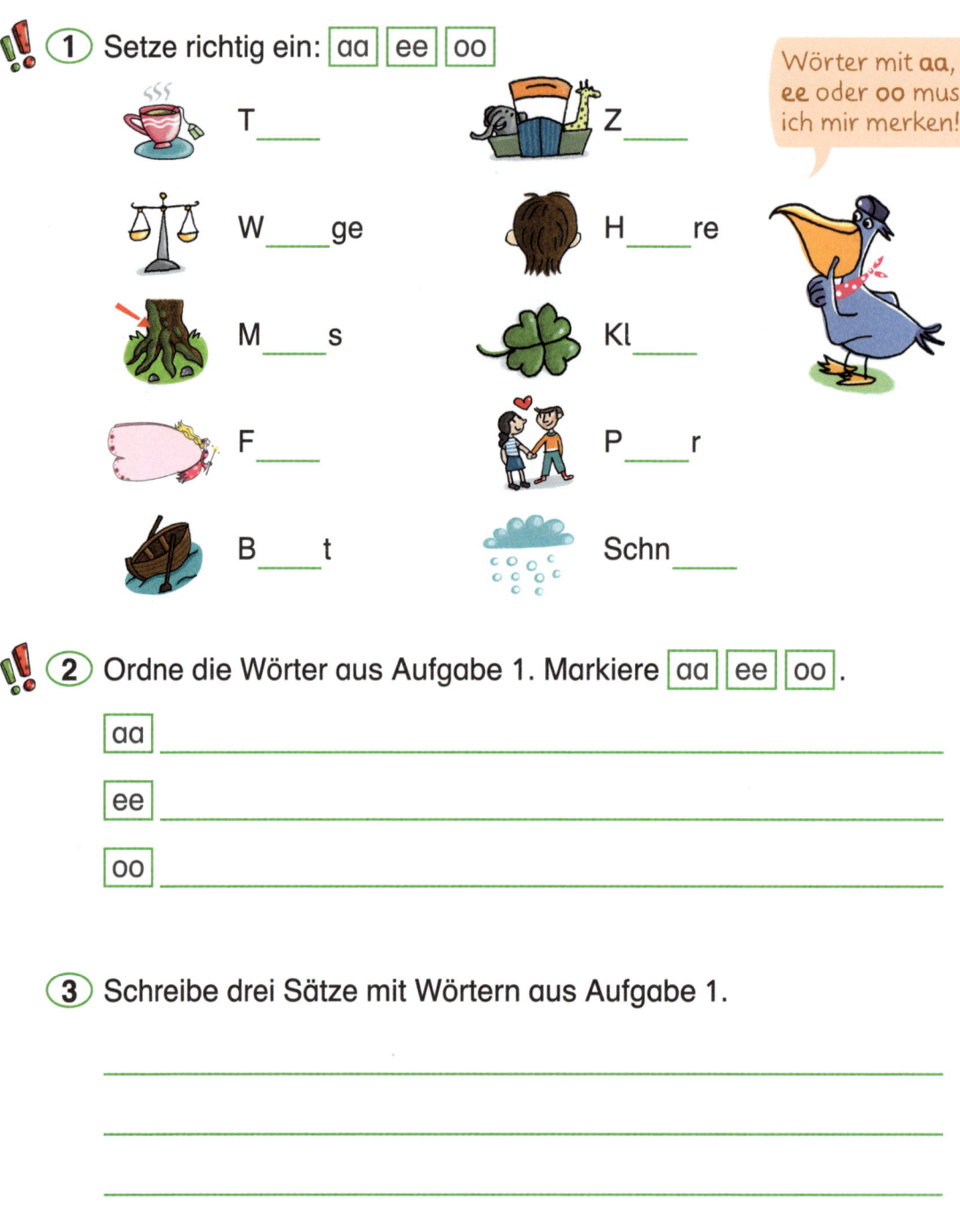

2 Ordne die Wörter aus Aufgabe 1. Markiere aa ee oo .

aa _____

ee _____

oo _____

3 Schreibe drei Sätze mit Wörtern aus Aufgabe 1.

_____

_____

_____

_____

4 Schreibe passende Wörter in die Bilder.

aa

oo

ee

korrigiert: ☆

1 Schreibe die passenden Adjektive zu den Bildern.

alt	jung	heiß	kalt	lang	kurz

_____   _____   _____

_____   _____   _____

2 Beschreibe die Bilder mit den Adjektiven.

süß	schnell	schwer	langsam	leicht	sauer

der _____ Hund.

die _____ Schnecke.

der _____ Elefant.

die _____ Feder.

die _____ Zitrone.

die _____ Kirsche.

> Mit Adjektiven kann ich genauer beschreiben. Sie verändern sich, wenn sie zwischen Artikel und Nomen stehen.

3 Schreibe die Gegensatzpaare von Aufgabe 1 und 2.

alt – jung, _____

_____

1 Unterstreiche die Adjektive in den Sätzen.

Mit Adjektiven kann ich vergleichen!

Die Suppe ist heiß. Das Feuer ist heißer.
Lava ist am heißesten.

Der Gorilla ist schwer. Der Elefant ist
schwerer. Der Blauwal ist am schwersten.

Der Fluss ist tief.
Der See ist tiefer.
Das Meer ist am tiefsten.

schön,
schöner,
am schönsten

2 Schreibe die Adjektive von Aufgabe 1 nach
der Endung geordnet auf. Kennzeichne mit .

heiß _____ heißer, _____ am heißesten, _____

_____ _____ _____

_____ _____ _____

3 Vergleiche mit Adjektiven.

| reicher als | härter als | leiser als | schwerer als |

Eine Nuss ist _____ ein Brot.

Eine Glocke ist _____ ein Donner.

Der Koffer ist _____ die Tasche.

Der Kaiser ist _____ der Bettler.

korrigiert: ☆

⌐⌐⌐ **①** Ordne die Wörter.

| schattig | schrecklich | ängstlich | durstig |
| hungrig | niedlich | friedlich | giftig |

ig

lich

_____ _____

_____ _____

_____ _____

_____ _____

② Setze Adjektive von Aufgabe 1 passend ein.

ein _____ Pilz

ein _____ Fest

ein _____ Platz

ein _____ Wanderer

ein _____ Baby

ein _____ Traum

ein _____ Kind

ein _____ Wolf

Adjektive sagen, wie etwas ist.

3 Kennzeichne die Endbausteine mit ‿.
Schreibe die Adjektive und die passenden Nomen auf.

schattig ____   schattig _____   der Schatten _____

ängstlich   _____   _____

hungrig   _____   _____

friedlich   _____   _____

schrecklich   _____   _____

durstig   _____   _____

giftig   _____   _____

pünktlich   _____   _____

4 Bilde aus den Nomen
und den Wortbausteinen
ig und **lich** Adjektive.

> Mit den Endbau-
> steinen ig und lich
> kann ich neue
> Adjektive bilden.

der Schmutz – _____   das Glück – _____

die Sonne – _____   der Sport – _____

die Ruhe – _____   die Natur – _____

der Stein – _____   der Herbst – _____

der Fleiß – _____   die Sache – _____

korrigiert: ☆

1 Markiere und schreibe.

Markiere **h**. Schreibe das Wort.	Fülle die Lücke. Schreibe das Wort.	Ergänze die Silbe. Schreibe das Wort.
zählen	z____len	_____-len
Höhle	H____le	_____-le
fahren	f____ren	_____-ren
Mühle	M____le	_____-le
Bohrer	B____rer	_____-rer
Kehle	K____le	_____-le

2 Was fällt dir auf? Kreuze an.

☐ Der Laut vor **h** klingt lang.

☐ Der Laut vor **h** klingt kurz.

☐ Man kann dieses **h** nicht hören.

3 Trage die Wörter von Aufgabe 1 geordnet ein.
Finde weitere Wörter.

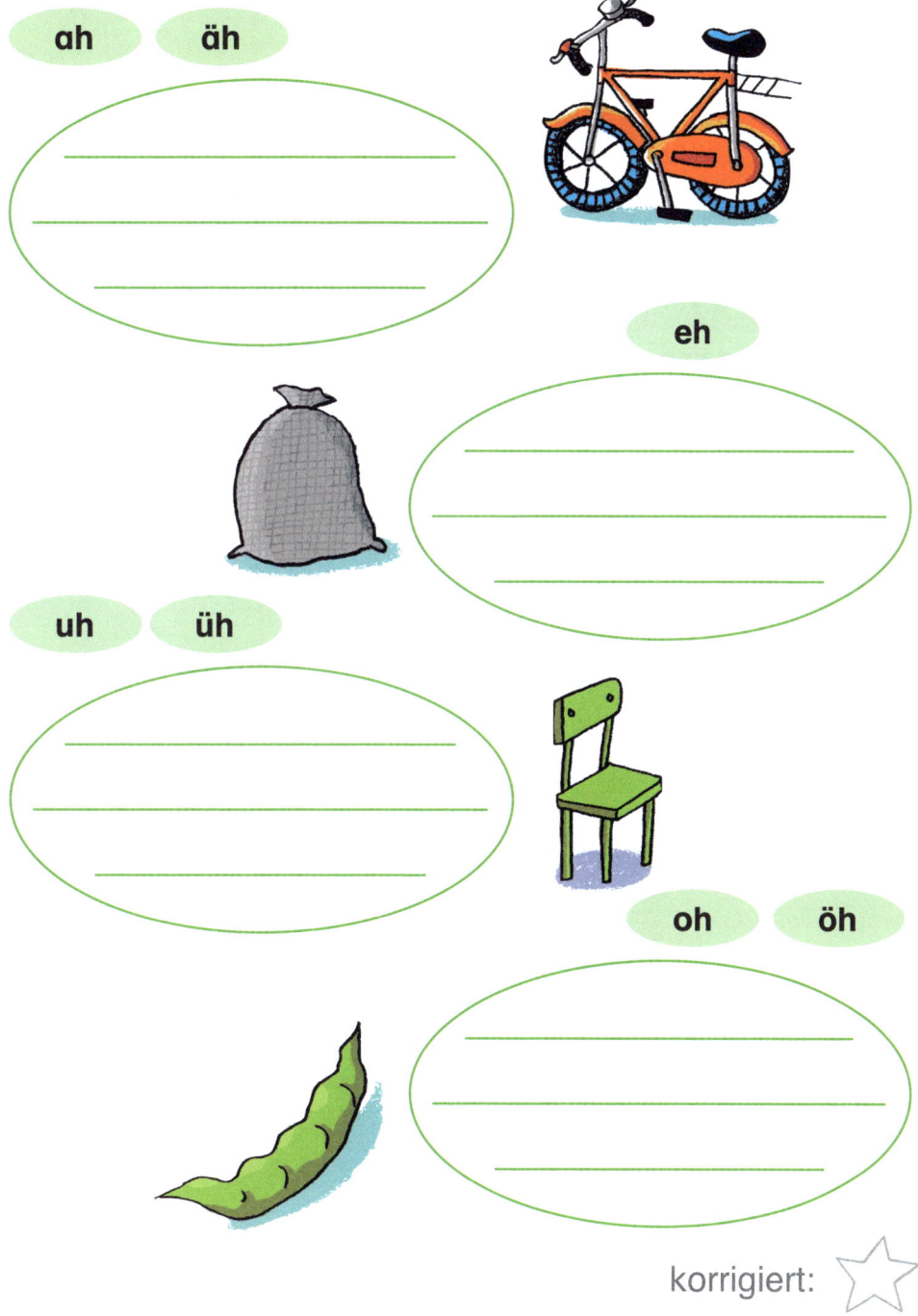

ah   äh

_____

_____

_____

eh

_____

_____

_____

uh   üh

_____

_____

_____

oh   öh

_____

_____

_____

korrigiert: ☆

Wörter mit **ks**-Laut richtig schreiben

Der ks-Laut kann auf vier verschiedene Arten geschrieben werden. Ich muss mir die Wörter merken.

 Taxi

 links

 Klecks

 Fuchs

 ① Ergänze:

Bei **Taxi** schreibe ich den ks-Laut mit _____.

Bei **links** schreibe ich den ks-Laut mit _____.

Bei **Fuchs** schreibe ich den ks-Laut mit _____.

Bei **Klecks** schreibe ich den ks-Laut mit _____.

 ② Lies die Wörter und markiere farbig.
Schreibe die Wörter in die zweite Spalte ab.
Schreibe die Wörter auswendig in die dritte Spalte.

Diese Wörter mit **X / x** merke ich mir!

	abschreiben	auswendig schreiben
das Taxi		
der Text		
das Xylofon		
der Mixer		
mixen		
die Axt		
die Hexe		
das Lexikon		
boxen		

1 Lies die Wörter und markiere schwierige Stellen.

> Wörter aus fremden Sprachen muss ich mir merken.

Handy   Playstation   Surfbrett   Toast

Laptop   Computer   Skateboard   Pizza

Chips   E-Mail   Ketchup   Restaurant

Internet   Inline-Skates   Mountainbike

2 Ordne die Wörter aus Aufgabe 1.

Wörter aus der Technik   Wörter rund ums Essen

_____   _____

_____   _____

_____   _____

_____   _____

Wörter aus Sport und Spiel

_____

_____

_____

_____

_____

korrigiert:

Sätze zum Abschreiben (zu Seite 16, Aufgabe 1)

Ich habe ein Fahrrad zum Geburtstag bekommen.
Lena und Milan sind meine besten Freunde.
Im Sommer gehen alle gerne ins Schwimmbad.
Der Wal gehört zu den Säugetieren.

Sätze „Fehler finden" (zu Seite 16, Aufgabe 2)

Leonie macht eine Rolle auf der Matte.
Im Winter bauen wir zusammen einen Schneemann.
Ich brauche einen neuen Radiergummi und Spitzer.
Meine Lieblingssportart ist Wasserball.

Text zum Abschreiben (zu Seite 50)

Heute machen wir einen Ausflug. Wir gehen
zur Feuerwehr. Im Unterricht haben wir gelernt,
welche Stoffe gut brennen und welche nicht.
Feuer stellt manchmal auch eine große Gefahr
dar. Die Feuerwehrleute erklären uns, wie ein
Feuer gelöscht wird.

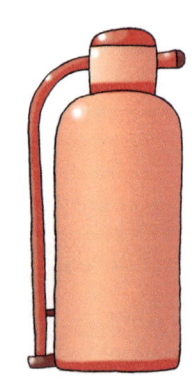

Ich lese mir die Texte immer laut vor.